Descubre el Caribe

UN VIAJE CULTURAL AL MUNDO HISPANO

**Instituto
Cervantes**

Descubre el Caribe

UN VIAJE CULTURAL AL MUNDO HISPANO

Janina Pérez Arias

Serie Descubre. Descubre el Caribe

Redacción | Cristina Palaoro, Lucía Borrero, Weingarten, Sergio Troitiño
Diseño de cubierta | Oscar García Ortega
Maquetación | Veronika Plainer, Marion Köster
Ilustraciones | Marlene Pohle
DVD | Mucho Viaje, Flying Appel tv & filmproducers
Imágenes | Cubierta, P.5: Daniele Pieroni/Flickr.com; P. 7: iStockphoto (David Safanda), Calgary, Alberta; P. 8: iStockphoto (pomortzeff), Calgary, Alberta; P. 16: iStockphoto (Kris Hanke), Calgary, Alberta; P. 17: iStockphoto (Ivan Chuyev), Calgary, Alberta; P. 20,1: iStockphoto (John Rodriguez), Calgary, Alberta; P. 20,2: iStockphoto (Lawrence Sawyer), Calgary, Alberta; P. 22,1: iStockphoto (Kris Hanke), Calgary, Alberta; P. 22,2: iStockphoto (Kris Hanke), Calgary, Alberta; P. 22,3: iStockphoto (Wei Chen), Calgary, Alberta; P. 23: iStockphoto (Marshall Bruce), Calgary, Alberta; P. 24: iStockphoto (eva serrabassa), Calgary, Alberta; P. 25: iStockphoto (Hendrik De Bruyne), Calgary, Alberta; P. 28: iStockphoto (Mark Atkins), Calgary, Alberta; P. 32: iStockphoto (Finn Beales), Calgary, Alberta.

Todas las fotografías de www.flickr.com están sujetas a una licencia de Creative Commons (Reconocimiento 2.0 y 3.0).

© Difusión, Centro de Investigación y Publicaciones de Idiomas, S.L., Barcelona, 2009
© Ernst Klett Sprachen GmbH, Stuttgart 2008

ISBN: 978-84-8443-593-8
Depósito Legal: M-27.991-2009
Impreso en España por RARO

difusión

Centro de
Investigación y
Publicaciones
de Idiomas, S. L.

C/ Trafalgar, 10, entlo. 1ª
08010 Barcelona
Tel. (+34) 93 268 03 00
Fax (+34) 93 310 33 40
editorial@difusion.com

www.difusion.com

ÍNDICE

EL CARIBE

Al decir *Caribe* es inevitable pensar en aguas cálidas[1] de siete colores, en formaciones de coral, en playas paradisíacas[2], en frutos exóticos y sabrosos, en palmeras que se mueven al ritmo de la suave brisa[3]. También pensamos en mezcla de razas, en gente efusiva[4] y tan cálida como el sol que seca las hojas del tabaco, los granos del café y del cacao, y en la alegre música que nos hace bailar.

Pero, ¿de dónde viene el nombre de *Caribe*? Los taínos[5] llamaban *canibi* a los indígenas caníbales. Los españoles transformaron esa palabra en *caribe* para identificar también el lugar donde vivían esos aborígenes tan peligrosos.

La región del Caribe es importante para la historia de la humanidad porque es el lugar adonde llegó Cristóbal Colón, un poco confundido por su desconocimiento de este nuevo mundo. Y después del descubrimiento, sucedieron muchas cosas.

En la geografía de hoy se pueden identificar como zonas caribeñas Venezuela, Panamá, una buena parte de Colombia, Nicaragua, Honduras, Belice, Cuba, Costa Rica, Puerto Rico, la República Dominicana, la costa mexicana del golfo de México y las pequeñas y grandes Antillas con influencia francesa, inglesa y holandesa.

1 cálido/a: caliente **2 paradisíaco/a:** relacionado con el paraíso **3 brisa:** viento suave
4 efusivo/a: apasionado/a, intenso/a **5 taíno/a:** persona de un grupo étnico de Venezuela que llegó al Caribe antes que los españoles

VENEZUELA

Venezuela tiene un hombre-pez

Como siempre hacía mucho calor en Cumaná. Otro día de rutina llegaba a su fin para Aurelio del Valle Ramírez Malavé.
En su vieja camioneta recorría de vuelta el camino hacia su casa, cansado del trabajo, sin pensar en nada, escuchando en la radio un blablablá[1] sin importancia.

Desde hace una semana tengo escamas[2]. Pequeñas, de color de plata. Sentí un ruido extraño cuando apoyé[3] los codos[4] para sentarme más cómodamente en el sillón y entonces[5] me di cuenta. "¿Qué es esto?" Sentí pánico al tocarme. Me miré al espejo. "¿Escamas?" ¡Escamas! Pequeñas y plateadas. Las conté. Veinte en cada codo. No había otra explicación, era víctima, tal vez[6] la primera de la humanidad, de la perversa manipulación genética de los alimentos. Pero también pensé en la contaminación de las aguas. Y a mí la playa me encanta… Prácticamente crecí en el mar, disfrutando de sus aguas tan claras, tan tibias[7]. ¿Y si era un castigo[8] de Dios? Traté de calmarme con la idea de que iban a desaparecer solas. ¡Pero qué va[9]! Ahora también tengo escamas pequeñas y plateadas en la barriga[10]. Son más suaves que las otras y con el sol se ven de diferentes colores, muy bonitas. Pero, ¿cómo puedo decir que las escamas que tengo en la barriga son bonitas? Debería estar asustado pero, para mi sorpresa, estoy tranquilo. No se lo he dicho a nadie; es que no me van a creer, pueden pensar que estoy loco. ¡Menos mal que no tengo novia! ¿Te imaginas? "Mi amor, ¿qué es eso? ¿Escamas? ¡Qué asco[11]!"
Todo ha ido rápido y, si lo pienso bien, no es tan malo. También tengo escamas hermosísimas en las piernas, en el pecho, en los brazos. Cuando entro en el mar soy muy ágil, nado con elegancia y muchos peces me miran con envidia. Ya no trabajo. Cerré mi puesto[12] en el mercado, donde vendía dulces típicos venezolanos, y no he querido hablar con nadie. Me da lástima[13] por la señora Aurora, que me hacía los dulces para vender, de lechosa[14], la jalea[15] de mango y de guayaba.
Más que socia, ha sido mi segunda madre. No la voy a ver más, pero voy a dejarle el puesto en el mercado antes de irme. Sí, ya lo decidí.

¿Para qué negarlo? Soy un pez. Ya mis branquias[16] están a punto de[17] desarrollarse por completo. Una nueva vida me espera en la inmensidad del mar Caribe.

Así[18] fue como desapareció Aurelio del Valle Ramírez Malavé, hijo de María Justina Malavé y de Rafaelito "El Gato" Ramírez, de treinta y tantos años, soltero, sin hijos conocidos. Donde vivía, en el barrio Caigüire de Cumaná, ciudad de la costa oriental venezolana, todo el mundo se pregunta qué le ha pasado. Hay gente que cuenta que lo vio por última vez camino al malecón[19]. Otros, los más fantasiosos, dicen que se fue huyendo de la ley. "Algo malo hizo… seguro", afirman bajando la voz. Tal vez la verdad nunca se va a saber porque Aurelio ya está lejos del Golfo de Cariaco y de la isla de Margarita. Sus enormes ganas[20] de aventura lo guían hacia Puerto Rico.

1 **blablablá:** conversación sin importancia 2 **escamas:** pequeñas membranas que cubren la piel de los peces 3 **apoyar:** dejar algo sobre un lugar 4 **codo:** parte posterior del brazo que permite flexionarlo 5 **entonces:** en ese/aquel momento 6 **tal vez:** quizás, probablemente 7 **tibio/a:** ni frío ni caliente, templado 8 **castigo:** consecuencia por hacer algo malo 9 **qué va:** expresión coloquial para decir "no" 10 **barriga:** parte del cuerpo (estómago, abdomen) 11 **¡Qué asco!:** expresión para indicar que algo es desagradable 12 **puesto:** tienda que se pone en la calle para vender algo 13 **dar lástima:** dar pena, entristecer 14 **lechosa:** papaya 15 **jalea:** tipo de mermelada 16 **branquias:** órgano respiratorio de los peces 17 **a punto de:** en proceso de 18 **así:** de esta/esa/aquella manera 19 **malecón:** paseo junto al mar 20 **ganas:** deseos

Datos y cifras:

Nombre oficial:
República Bolivariana
de Venezuela (desde
1999; antes era Repú-
blica de Venezuela)
Capital: Caracas
Superficie: 916 445 km²
Habitantes: 27 483 200
Gentilicio: venezolano/a
**Pueblos y comunida-
des indígenas:** existen
de 31 a 34 grupos,
entre los que destacan
los wayúu, los pemo-
nes, los yanomamis,
los maquiritares, los
waraos, los kariñas y
los yaruros
Moneda: el bolívar
fuerte (desde el
01/01/08, antes era el
bolívar)

Venezuela limita con el mar Caribe, Brasil, Colombia y Guyana. Su capital es Santiago de León de Caracas, pero es más conocida como Caracas, Distrito Federal o Capital Federal. El país está dividido en estados y estos, en municipios. En Caracas se concentra la actividad administrativa y política, pero existen otras ciudades muy importantes como Maracaibo (estado Zulia), donde están los principales pozos de petróleo; Valencia (estado Carabobo), donde se desarrollan diversas actividades industriales; Ciudad Bolívar (estado Bolívar), donde hay una de las centrales hidroeléctricas más importantes del mundo y se realiza la explotación de diferentes minerales.

Hasta finales del siglo XIX Venezuela fue un país agrícola[1], pero eso cambió con el descubrimiento de los pozos de petróleo. Desde 1914 hasta ahora se importan muchos productos básicos para la alimentación diaria. La industria agraria[2] no está totalmente desarrollada, a pesar de muchos esfuerzos e iniciativas, como el programa "Sembrar[3] el petróleo", que propuso el intelectual Arturo Úslar Pietri en 1936 y que consiste en invertir el dinero del petróleo en el desarrollo de la agricultura. Sin embargo, hay estados como Portuguesa, Lara y Barinas, entre otros, donde la agricultura todavía es muy importante.

Historia

"Viva Venezuela mi patria querida, quien la libertó, mi hermano, fue Simón Bolívar…" Así comienza una canción popular venezolana. Simón Bolívar es, sin duda, uno de los símbolos de la historia de Latinoamérica y es considerado como el Libertador de Venezuela, país que declaró su independencia del imperio español el 5 de julio de 1811. Uno de los grandes proyectos de Bolívar fue la Gran Colombia: la unión de Venezuela, Nueva Granada (nombre antiguo de Colombia) y Ecuador en un mismo gobierno. Debido a diferentes conflictos entre esos países, esta idea de gran nación solamente duró unos diez años (de 1819 a 1830).

La bandera

Sus colores son el amarillo, el azul y el rojo, con ocho estrellas sobre el azul. El amarillo simboliza la riqueza[4] del país; el azul, el mar y el cielo; y el rojo, la sangre de los héroes de la independencia. Siete estrellas representan a las provincias que firmaron la independencia en 1811, y la octava se ha agregado recientemente para representar a Guayana.

Origen del nombre de Venezuela

En 1499, cuando los marineros Alonso de Ojeda y Américo Vespuccio llegaron al lago de Maracaibo se sorprendieron al ver que las viviendas de los indios estaban construidas sobre palos de madera en mitad del agua. Inmediatamente pensaron en Venecia y por eso llamaron a ese lugar *Venezuela*[5], que significa "pequeña Venecia".

Por cierto, ese tipo de casas se llaman palafitos y pueden encontrarse en el estado Zulia, en la laguna de Sinamaica (que significa "el lugar del espejismo[6]"). En ellas vive la etnia añu-paraujana.

Sabías que…

La palabra *chévere* es 100% venezolana y se usa para decir cosas muy positivas de algo o alguien: "fantástico", "súper bien", "guay", "genial"…

1 **agrícola:** relacionado/a con la agricultura
2 **agrario/a:** relativo al campo 3 **sembrar:** plantar semillas en la tierra, plantar 4 **riqueza:** sustantivo de rico/a
5 **-uelo/-uela:** sufijo que añade a un sustantivo el significado de "pequeño" 6 **espejismo:** ilusión óptica

Gastronomía

Como en la gran mayoría de los países latinoamericanos, la gastronomía venezolana es resultado de la influencia de varias culturas y del uso de los productos propios de cada región (carnes, pescados, verduras…).

Uno de los platos más populares es la arepa, una especie de torta de masa de harina de maíz que se rellena con todo tipo de alimentos o se sirve como acompañante de otros platos.

A los venezolanos les encantan los dulces y por eso tienen una gran variedad de ellos: el *quesillo* (un postre similar al flan), el *bienmesabe* (una tarta con leche de coco, merengue y canela), la jalea de mango (mermelada hecha con mangos verdes y papelón, o azúcar sin refinar) y mucho otros. En la costa muchos dulces se hacen con coco o con frutas tropicales como el mango, la guayaba, la lechosa o papaya, etc.

Sabías que…

Existen algunas diferencias en los nombres de verduras, legumbres y frutas entre Venezuela y otros países del Caribe. Por ejemplo la banana se llama cambur; la papaya se dice lechosa (en Cuba se llama fruta bomba). Cuando en Venezuela se dice ahuyama, se habla de calabaza. Las caraotas (frijoles negros que se comen en todo el país) se llaman porotos en Chile.

Muchos de estos nombres tienen origen en lenguas indígenas, por ejemplo jaiba o jaiva, la palabra que los taínos usaban para los cangrejos de agua dulce. Otros provienen de lenguas africanas, como en el caso del ñame (tubérculo comestible parecido a la batata, originario del Congo).

Tradiciones

Muchas fiestas tradicionales venezolanas, como la Navidad o el Carnaval, están relacionadas con las creencias cristianas que llegaron durante la conquista española. Sin embargo, los indígenas y los esclavos[1] negros poco a poco introdujeron en ellas elementos de sus culturas.

Cada región de Venezuela tiene sus celebraciones propias pero una de las más atractivas son, tal vez, las diabladas que se celebran el jueves de Corpus Christi, un conjunto de celebraciones con danzas rituales que realizan los diablos[2] danzantes[3] al ritmo de la música de los tambores. Los diablos suelen ser hombres que han hecho una promesa[4] o que sienten una gran devoción[5]. Estas fiestas se celebran en varias localidades de todo el país, como Naiguatá, Ocumare de la Costa, Cata, Chuao y Capaya, entre otras; pero la más famosa de todas es, probablemente, la de los Diablos de Yare, en San Francisco de Yare (estado Miranda).

Allí los diablos llevan capa y trajes rojos, una cruz de palma en el pecho, máscaras grotescas, un látigo en la mano izquierda, y maracas[6] y cascabeles[7] en la derecha.

Muy temprano por la mañana, los diablos danzan hasta el cementerio para visitar a los diablos muertos. Luego se dirigen hacia la iglesia, donde dejan de danzar, se arrodillan y reciben la bendición del sacerdote. Después de eso, bailan por todo el pueblo y visitan algunas casas, acompañados por músicos.

Estos diablos se organizan en hermandades o cofradías[8] con una estructura jerárquica que se muestra en el número de cuernos[9] que tiene cada máscara. En general, las mujeres no tienen una participación activa en las celebraciones y no tienen permitido usar las máscaras; solamente pueden usarlas y participar como danzantes en algunas regiones de Venezuela.

Todas las festividades de diablos danzantes tienen en común que representan la victoria del bien sobre el mal y la fusión de las supersticiones con las creencias cristianas. Los diablos simbolizan las malas costumbres: beben mucho, son escandalosos, bromistas y fiesteros[10], pero al final abandonan sus costumbres y se entregan a la religión.

1 **esclavo/a:** persona sin libertad porque está bajo el dominio de otra 2 **diablo:** figura religiosa que representa el mal, Satanás 3 **danzante:** que baila 4 **promesa:** ofrecimiento que se hace a un Dios o a un santo 5 **devoción:** creencia religiosa profunda 6 **maraca:** instrumento musical de percusión, hecho de una calabaza seca con granos de maíz en su interior 7 **cascabel:** bola de metal con una abertura y una pieza de metal, que hace ruido cuando se mueve 8 **hermandad/cofradía:** asociación de personas que tiene objetivos sociales o religiosos comunes 9 **cuerno:** hueso que algunos animales tienen en la cabeza (toros, por ejemplo) 10 **fiestero/a:** persona a la que le gusta mucho la fiesta

NATURALEZA

Cuando Cristóbal Colón llegó por primera vez a Venezuela durante su tercer viaje a América, pensó que estaba en el paraíso terrenal; por eso la llamó Tierra de Gracia[1].

Venezuela está situada en el norte de Sudamérica, por debajo de la línea del Ecuador. La variedad del paisaje venezolano es increíble: hay selvas, llanos[2], montañas, desiertos y, por supuesto, mucha costa. La costa venezolana, en gran parte formada por playas de arenas blanca, está dividida en tres partes: oriental[3], central y occidental[4] y tiene una extensión de 4 006 kilómetros bañados por el mar Caribe.

Las islas más conocidas y visitadas son la Isla de Margarita y el archipiélago[5] de Los Roques. Pero hay muchas otras islas igualmente interesantes pero menos conocidas, como por ejemplo La Orchila, La Blanquilla, Los Hermanos, Coche y Cubagua; algunas de ellas son vírgenes y están cerradas al turismo. Cubagua, por ejemplo, fue la primera ciudad de Venezuela y un importante centro de explotación de perlas, hasta que un maremoto[6] la destruyó en 1541; desde entonces está deshabitada.

Venezuela es un país de gran belleza, rico en recursos naturales y con diferentes ecosistemas de flora[7] y fauna[8] en cada una de sus regiones. En los llanos venezolanos habitan animales como el chigüiro y la lapa. En muchos ríos las pirañas son una amenaza[9] para las vacas que intentan cruzar las aguas. Uno de los ríos más importantes de Venezuela es el Orinoco, donde viven caimanes, toninas (delfines de agua dulce), manatíes, perros de agua, tortugas o serpientes como la ana-

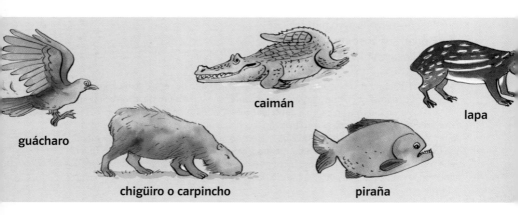

guácharo

caimán

lapa

chigüiro o carpincho

piraña

conda. La diversidad de pájaros es sorprendente y es posible encontrar especies tan singulares como el colibrí (símbolo de Venezuela) o el guácharo, un ave[10] que vive en la oscuridad y que solo es posible encontrar en la Cueva del Guácharo (Caripe, estado de Monagas), Parque Nacional desde 1975.

Esta cueva la descubrió el científico alemán Alexander von Humboldt durante su viaje a Venezuela en 1799 para estudiar la naturaleza y la gente venezolanas. Hoy es posible seguir la ruta de Humboldt por Cumaná y el este del país.

La tierra venezolana es muy fértil y durante muchos años el cacao y el café, dos de sus productos más importantes, han sido la base de la economía. De hecho, el cacao venezolano, de excelente calidad, es uno de los más apreciados por los maestros chocolateros del mundo. Sin embargo, desde principios del siglo XX hasta hoy el petróleo es el producto más importante de la economía, ya que Venezuela es considerada como el quinto exportador de "oro negro" en todo el mundo.

Sabías que...

Cumaná significa "unión del mar y el río" en la lengua de los cumanagotos, sus primeros habitantes. Fue la primera ciudad en tierra firme en el Nuevo Mundo y por eso es conocida como "la primogénita[11] del continente". Se fundó en 1521 con el nombre de Nueva Toledo de Cumaná, se volvió a fundar con el nombre de Nueva Córdoba de Cumaná 48 años después y, más tarde, se llamó Nueva Andalucía. Hoy es simplemente Cumaná, capital del estado Sucre.

---

1 gracia: belleza, elegancia **2 llano:** región plana, sin montañas **3 oriental:** del Este **4 occidental:** del Oeste **5 archipiélago:** grupo de islas **6 maremoto:** movimiento de tierra que se produce en el fondo del mar similar a un *tsunami* **7 flora:** conjunto de plantas de una región **8 fauna:** conjunto de animales de una región **9 amenaza:** peligro **10 ave:** pájaro **11 primogénito/a:** el/la primero en nacer

colibrí

tortuga marina

tonina

utria o perro de aqua

anaconda

manatí

PUERTO RICO

Juancho y sus gallos

En el cielo de Isabela la oscuridad se transforma poco a poco en claridad y aparecen los diversos colores que anuncian la salida del sol. Hoy es un día especial, la Fiesta del Gallo[1] Isabelino se espera con gran expectación. Ya desde la primera luz del día la ciudad se quita el sueño de los ojos para empezar con los preparativos.

Juancho Martínez Sánchez tiene cuatro gallos que cuida como a sus hijos. Se levanta muy temprano con el quiquiriquí[2] de Don Eustaquio, el más viejo y el primero que canta al amanecer. Luego, le sigue El Hermoso, que se interrumpe en el segundo "qui" para respirar, haciendo así más largo su "qui" final. Cuando Juancho está tomando el primer café del día canta Pacheco, con una voz fina y melodiosa. Al viejo le gusta mucho este "quiquiriquí". ¡Qué placer para los oídos! Por último entona[3] Rubén, el más joven. Su canto no es tan bueno todavía como el de los otros gallos, pero ha mejorado mucho, piensa el viejo esta mañana al oírlo.

Cuando el hombre llega al patio con la comida, los gallos ya están fuera de sus jaulas[4], esperándolo. Hace tiempo que los separó y cada uno tiene su pedazo de tierra. No es bueno tener cuatro gallos juntos porque se pueden matar unos a otros. Don Eustaquio tiene plumas[5] blancas en la cola, camina lento y con elegancia, sacando el pecho exageradamente; se cree el mejor de todos los gallos, piensa Juancho mientras le pone el maíz. ¡Ni hablar de El Hermoso! Cada una de sus plumas brilla, y más cuando está al sol. Rubén le parece muy nervioso; constantemente gira el cuello con rapidez por cualquier ruido, y sus ojos son tan pequeños que casi no es posible verlos. Pero Pacheco… ese es el gallo ideal. Tiene cada pluma en su lugar, su pico[6] es perfecto, parece medir cada movimiento y cada reacción, la cresta[7] de su cabeza es como una corona de rubíes[8]. En voz baja, cuando los demás gallos no están cerca, le dice "mi rey". Sí, es su preferido, y por eso tiene miedo. Aunque intentó convencer al señor Onofre, no pudo: Pacheco va a pelear[9] esta noche.

Empieza a oscurecer en Isabela. Con nostalgia, Juancho acaricia las suaves plumas de Pacheco, y no puede evitar recordar la última vez que vio a sus hijos, los verdaderos, antes del huracán que acabó con sus vidas. En San Pedro de Macorís, República Dominicana, Juancho dejó toda la tristeza que solamente la muerte es capaz de causar. Huir[10] del dolor lo trajo a Puerto Rico.

Todo el pueblo está de fiesta y en la gallera[11] la gente grita, canta, ríe… Debajo del brazo, Juancho siente que Pacheco se mueve nerviosamente. En el

Gallos de pelea

aire hay un olor a muerte insoportable. "Tu gallo es el siguiente", le dicen. Con gran tristeza acaricia a su preferido. Al borde de la arena[12] redonda, los hombres y las mujeres gritan: "¡Más!", pero ahora con dinero en la mano. Algunos se ponen rojos y sus ojos parecen huevos fritos.

Pacheco y el otro gallo se encuentran en el centro de la arena. De repente Pacheco se lanza sobre el enemigo y rápidamente le mete su pico perfecto a través de las plumas, abriéndole agujeros[13]; también le clava esa especie de cuchillo que tiene en una pata. Abre las alas[14] encima del combatiente[15], hiriéndolo más y sus ojos parecen bolas de fuego, llenas de cólera[16]. La sangre del otro gallo pinta de rojo la arena. Pacheco está preparado para picarlo[17] por última vez y lanza un "qui" largo e intenso. "Yo soy el rey", escucha el gallo enemigo antes de caer muerto.

1 gallo: ave, el macho de la gallina **2 quiquiriquí:** sonido que hace el gallo cuando canta **3 entonar:** cantar **4 jaula:** caja para guardar pájaros y animales **5 pluma:** piezas con las que está cubierto el cuerpo de un ave **6 pico:** boca de las aves **7 cresta:** parte roja que tiene un gallo sobre la cabeza **8 rubí/es:** piedra preciosa de color rojo **9 pelear:** luchar, combatir **10 huir:** escapar **11 gallera:** lugar donde se celebran las peleas de gallos; **12 arena:** lugar de la gallera donde se produce un combate **13 agujero:** abertura de forma redonda; hueco **14 ala:** parte del cuerpo de las aves que sirve para volar **15 combatiente:** luchador **16 cólera:** ira, enfado, rabia **17 picar:** golpear con el pico

Datos y cifras:

Nombre oficial: Estado Libre Asociado de Puerto Rico

Capital: San Juan

Superficie: 8768 km²

Habitantes: 3 927 776

Gentilicio: puertorriqueño/a, también boricua

Moneda: dólar estadounidense

Idiomas oficiales: español e inglés

Dato curioso: desde 1917 los puertorriqueños reciben automáticamente la nacionalidad estadounidense

Puerto Rico, también conocida como "la Isla del Encanto", se encuentra prácticamente[1] en el centro del Caribe, entre La Española (República Dominicana y Haití) y las islas Vírgenes (las Antillas Menores). Está compuesta[2] básicamente por un grupo de nueve islas, de las cuales las más importantes son Culebra y Vieques.

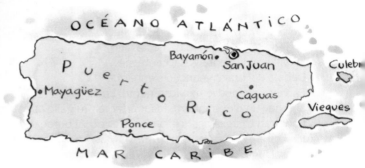

Es la isla más pequeña y más oriental de las Antillas Mayores. Su capital es San Juan, pero hay otras ciudades importantes como Ponce, Mayagüez, Bayamón y Caguas.

Antes era un país agrícola centrado en el cultivo de la caña de azúcar, pero a partir de la segunda mitad del siglo XX se industrializó[3]. Como muchos otros países latinoamericanos, Puerto Rico ha pasado por diversas épocas de prosperidad y también por diversas crisis que han cambiado sus actividades económicas. Hoy en día las actividades más importantes se concentran en el sector de los servicios (por ejemplo, el turismo) y en las fábricas multinacionales que funcionan en el país.

Hechos históricos

El 19 de noviembre de 1493 Cristóbal Colón llegó al lugar que hoy se conoce como Puerto Rico. En ese tiempo la isla tenía una gran población de indios taínos, o como se llamaban originalmente, boricuas.

Durante siglos, Inglaterra y España no solamente se aprovecharon[4] de la isla, sino que lucharon también por su dominio. En 1868 dos acontecimientos[5] determinaron la historia de Puerto Rico: la revolución armada independentista conocida como el Grito de Lares y la supresión[6] de la esclavitud[7].

En 1898, cuando terminó la Guerra Hispano-Americana, Puerto Rico dejó de pertenecer a los españoles y comenzó a depender de los estadounidenses. Estados Unidos fue responsable de nombrar al gobernador de la isla hasta 1948, fecha a partir de la cual los puertorriqueños pudieron elegir democráticamente. Cuatro años más tarde se aprobó la Constitución[8] y se formó un gobierno propio e interno. Desde ese año la isla tiene el estatus de Estado Libre Asociado (ELA) frente a los Estados Unidos. "Asociado" porque pertenece a ese país y "libre" porque no es parte de ese país. Aunque los puertorriqueños votaron por ese estatus, hoy en día continúan discutiendo sobre su independencia o sobre un nuevo estatus con respecto a Estados Unidos.

1 prácticamente: casi **2 compuesto/a:** formado/a **3 industrializarse:** convertir la industria en la actividad económica principal **4 aprovecharse:** sacar beneficio de algo o de alguien, a veces con abuso **5 acontecimiento:** hecho **6 supresión:** prohibición, eliminación **7 esclavitud:** estado o condición de esclavo **8 constitución:** conjunto de leyes que organizan la política de un país **9 cangrejo:** animal de agua de color rojizo, con caparazón y con patas delanteras en forma de pinzas; camina hacia atrás

Sabías que...

Borikén (o *Borinkén*, o *Borinquen*) fue el primer nombre que le dieron los indios taínos a Puerto Rico.

En opinión de muchos esta palabra significa "la gran tierra del valiente y noble señor" pero algunos historiadores afirman que significa "tierra de cangrejos[9]".

Debido a que los taínos son una de las poblaciones más importantes de la isla, la palabra boricua es la que usan hoy los puertorriqueños para identificarse con orgullo de su país.

Tradiciones

La pelea de gallos es una de las tradiciones más importantes de Puerto Rico, donde se considera un deporte. Esta actividad, también llamada "deporte de los caballeros", está regulada por el gobierno a través de la Ley de Gallos y de organismos como la Oficina de Asuntos Gallísticos —defensora de esa ley— y el Departamento de Recreación y Deportes. Existen diferentes categorías de galleras dependiendo de las dimensiones del lugar, el número de peleas diarias y la cantidad de dinero que se juega.

La localidad de Isabela, al norte de la isla, es también conocida como la ciudad de los gallos. Allí admiran a estos animales por su valentía.

Güiro

Artesanía puertorriqueña

Los ejemplos de artesanía más conocidos y originales de la isla son, entre otros:

→ los santos, figuritas que representan escenas religiosas y que están talladas en madera con una técnica transmitida de generación en generación;

→ el cuatro, un instrumento musical de cuatro cuerdas dobles; existía antes de la colonización;

→ el güiro, un instrumento musical hecho con un calabacín de corteza dura que se frota con una púa de metal;

→ las máscaras de coco, muy usadas en las fiestas de Carnaval

El español en Puerto Rico

El español como lengua cooficial es un tema con una historia polémica. En 1898, después de la llegada de los soldados estadounidenses, el inglés se impuso[1] como idioma único de la isla. Sin embargo, la gente siguió hablando español a pesar de los controles para cumplir esta ley. Por esa razón los estadounidenses terminaron por aceptarlo como la segunda lengua del país, en 1948.

En los años ochenta hubo un fuerte movimiento hacia la autonomía y el español fue declarado lengua única. En 1992 finalmente ese eliminó esta ley, y el español y el inglés se convirtieron definitivamente en idiomas cooficiales.

El español puertorriqueño conserva muchas palabras taínas en los nombres de ríos, pueblos, frutas, animales y especialidades gastronómicas. Pero también hay palabras del taíno presentes en el español de otros países, como la palabra *huracán*, que significa "centro del viento" (aunque algunos opinan que esta palabra está relacionada con *Juracán*, el dios malo de los taínos).

El llamado *espanglish* es un fenómeno lingüístico presente también en Puerto Rico. En 1948 el escritor y humorista Salvador Tió inventó esta palabra en su columna "Teoría del *Espanglish*" publicada en *El Diario de Puerto Rico*, donde hablaba de la españolización del inglés. Años más tarde publicó también la *Teoría del englañol o ingañol*, para describir la tendencia a dar a las palabras españolas el significado que tienen en inglés.

Pero esta polémica alrededor del *espanglish* ha servido para darle popularidad e impulso. Uno de los ejemplos de esta popularidad es la existencia de una literatura en *espanglish*, representada entre otros muchos escritores por la puertorriqueña Giannina Braschi, la primera en publicar una novela con esta explosiva mezcla de idiomas.

Sabías que...

"¡Despierta, borinqueño que han dado la señal! ¡Despierta de ese sueño que es hora de luchar!"

Son las primeras líneas de *La borinqueña*, poema escrito en 1868 por la poetisa[2] y revolucionaria puertorriqueña Lola Rodríguez de Tió.

Este poema estaba destinado a convertirse en la letra[3] del himno nacional de la isla, pero su tono era demasiado revolucionario y fue reescrito[4] en 1903 por Manuel Fernández Juncos, pedagogo español que vivía en Puerto Rico.

Desde entonces se canta como himno oficial:

"La tierra de Borinquen donde he nacido yo, es un jardín florido de mágico primor[5]".

---

1 imponer: hacer obligatorio **2 poetisa:** forma femenina de "poeta"
3 letra: las palabras que hay en una canción **4 reescribir:** escribir nuevamente, volver a escribir **5 primor:** encanto, belleza

*"Preciosa te llaman las olas /
del mar que te bañan / Preciosa, por ser un
encanto, por ser un Edén."*

Son muchas las canciones que expresan la gran belleza[1] de Puerto Rico, como esta de Rafael Hernández (1891–1965), compositor puertorriqueño mundialmente conocido por canciones como *Preciosa, Lamento borincano* o *Campanitas de cristal*.

La isla está atravesada[2] por una cadena de montañas, pero también tiene zonas llanas y muchas costas que la convierten en uno de los paisajes más impresionantes del Caribe. Para apreciar esta belleza solo es necesario echarle un vistazo[3] al bosque lluvioso[4] tropical El Yunque, situado en la sierra de Luquillo, al este del país. En sus 110 km² de extensión se encuentran 240 especies diferentes de árboles y cientos de animales. Es también el hábitat[5] del coquí, una rana muy pequeña de color marrón símbolo de Puerto Rico (las hembras[6] miden de 25 a 35 mm y los machos[7] hasta 60 mm). Hay 17 especies que se pueden diferenciar según su canto, el nombre de esta ranita se debe al sonido "co-quí" que hacen el coquí común y el coquí de la montaña.

Coquí

Otras maravillas naturales son las islas que rodean Puerto Rico: Culebra y Vieques (o Isla Nena). Vieques fue en el pasado refugio de piratas y durante parte del siglo XX campo de tiro[8] de la marina estadounidense. En esta pequeña isla todo muestra una gran belleza: las formaciones de coral, las grandes palmeras, los manglares[9], las bahías y playas casi vírgenes. Pero tal vez el espectáculo natural de bahía Mosquito es el más característico de este lugar. Cuando cae la noche, y si el agua del mar se agita[10], toda la ensenada[11] se llena de luz. La causa de este fenómeno natural se debe a la presencia de un gran número de organismos microscópicos que tienen la particularidad[12] de dar luz cuando son agitados.

Carey de concha

Pelícano pardo

   Bahía Mosquito forma parte de la Reserva de la Bahía Biolumi-
niscente de Vieques, muy importante para la preservación de la vida
silvestre[13] de muchas especies en peligro de extinción, como el pato
quijada colorada, el pelícano pardo, el manatí o el
carey de concha (un tipo de tortuga marina).

   Isla Culebra es el hábitat de 85 especies de
aves y de tortugas gigantes marinas que eligen
sus cálidas arenas para dejar sus huevos. Una
parte considerable de la isla y 23 de sus cayos
e islotes son reserva nacional de la fauna, pero
eso no impide a los puertorriqueños y turistas
disfrutar de Cayo Culebrita, una de las playas más
hermosas de Puerto Rico.

1 belleza: característica de bello **2 atravesar:** cruzar
3 echar un vistazo: ver, mirar **4 lluvioso/a:** que llueve mucho
5 hábitat: lugar donde vive de forma natural una especie animal
6 hembra: elemento femenino de una especie
7 macho: elemento masculino de una especie
8 campo de tiro: terreno donde se hacen entrenamientos
con armas de fuego **9 manglar:** bosque de mangles (arbusto
típico de las regiones tropicales de América) **10 agitar:** mover
rápidamente una cosa **11 ensenada:** entrada de mar en la costa
12 particularidad: característica **13 silvestre:** salvaje

Sabías que...

Al norte de la isla se
encuentra el Observatorio
de Arecibo, con el radiote-
lescopio más grande del
mundo.

Este observatorio es admi-
nistrado por la Universidad
de Cornell desde 1960.
Permite observar prin-
cipalmente los planetas
cercanos. Durante las 24
horas del día se recoge
información que es usada
por científicos de todo el
mundo.

REPÚBLICA DOMINICANA

Lo que¹ ve Leonel en San Pedro de Macorís

La normalidad vuelve poco a poco a San Pedro de Macorís. El último huracán destruyó y se llevó todo lo que encontró a su paso. A la gente solamente le queda el recuerdo de lo que perdió, el dolor por los seres² que se fueron y esperar nuevos huracanes menos destructivos.

A las once en punto salen todos del agua. Los veo desde mi ventana. Cuando la noche está despejada³, los veo mejor, y hasta⁴ puedo distinguir⁵ a varios de ellos. Cuando no hay luna, sí que me dan miedo porque parecen sombras⁶. Ellos no saben que los observo, nunca les he hablado, nunca se han cruzado nuestras miradas. Me escondo, y no sé por qué. No hago nada malo… pero tampoco bueno… Mi mamá dice que es de mala educación espiar a los demás. Bueno, es que ella tiene una lista larguísima de todo lo que está mal: señalar con el dedo, comer con la boca abierta, sentarse con las piernas separadas, no mirar a la cara a la persona que habla contigo… Como son tantas las normas, hay algo que siempre se me olvida, y entonces ella me mira feo y abre unos ojos grandísimos. "Leonel José, chico…", me dice con severidad⁷. Así que tampoco le he contado a ella que a las once los veo desde mi ventana. Ya ni le parece raro si me voy a la cama sin protestar. La he escuchado decirle a la señora María: "Leonelcito se está haciendo mayor⁸". Y lo dice levantando un poco la cabeza, orgullosa. Pero ella no sabe que yo solo quiero verlos desde mi ventana…

La otra vez, cuando la luna parecía una bombilla⁹ gigante colgada del cielo, pude reconocer a Mariana. Antes, los dos jugábamos todas las tardes cuando regresábamos de la escuela, a veces al arroz con leche, otras al gato y al ratón, a la maestra, a los doctores, al supermercado¹⁰… Nos divertíamos mucho. Cuando pasó aquello y me dijeron que Mariana se había ido, me puse muy triste, así que la otra noche me alegré cuando la identifiqué entre los otros. Estaba mojada, claro, porque siempre salen del mar, y tenía el mismo vestido con el que la vi la última vez. Casi la llamo, pero me acordé de que ellos no saben que yo los veo. Sentí pena cuando Mariana se sentó en la arena a intentar jugar ese juego de manos que hacíamos juntos… Pensé que ella también me extrañaba¹¹…

Después de aquello, la vida cambió. Mucha gente no volvió y el viento derribó casi todas las palmeras. No quiero recordar aquello, y no soy el único, porque nadie lo llama por su nombre: es "aquello" y punto. Por eso, cada vez que el mar se agita, el viento sopla muy fuerte o las palmeras se mueven como bailando merengue[12], cierro los ojos y empiezo a llorar de miedo. Me asusta[13] pensar que el viento se lo va a llevar todo de nuevo, que van a caer sin descanso gotas gigantes de lluvia y que las olas del mar van a ser tan altas como los muros de las casas de los ricos. La última vez que aquello pasó por San Pedro de Macorís, mi papá tuvo que reconstruir la casa y ponerle un techo nuevo, la abuela nos regaló unos muebles viejos y la tía Nancy nos mandó dinero. Entonces le dije a papá que quería una ventana en mi habitación, con vistas a la playa. Por eso sé que todos los días, a las once en punto, ellos salen del agua, mientras yo los contemplo.

1 lo que: aquello que, las cosas que **2 ser:** persona, ser humano **3 despejado/a:** claro/a, sin obstáculos **4 hasta:** aquí con valor de "incluso" **5 distinguir:** ver, identificar **6 sombra:** imagen oscura que proyecta un cuerpo que recibe luz **7 severidad:** seriedad, rigidez **8 hacerse mayor:** crecer, madurar como persona **9 bombilla:** globo de cristal que da luz eléctrica **10 arroz con leche, gato y ratón...:** juegos infantiles **11 extrañar:** echar de menos algo o a alguien **12 merengue:** tipo de música y de baile originario de la República Dominicana **13 asustar:** dar miedo

REPÚBLICA DOMINICANA

Datos y cifras:

Nombre oficial: República Dominicana

Capital: Santo Domingo

Superficie: 48 470 km²

Habitantes: 8 562 541 (censo de 2002)

Gentilicio: dominicano/a

Moneda: peso oro dominicano

Dato curioso: uno de los símbolos nacionales es la flor de la caoba, pero como es muy pequeña, se discute cambiarla por una más "representativa"

República Dominicana ocupa dos tercios[1] de la parte oriental de La Española (o La Hispaniola), que es la segunda isla más grande de las Antillas Mayores. Limita al norte con el océano Atlántico, al sur con el mar Caribe, al este con el canal de la Mona (que la separa de Puerto Rico) y al oeste con la República de Haití, que es el país que ocupa el resto del territorio de la Española.

El país está dividido en 31 provincias y un Distrito Nacional donde está la capital, Santo Domingo. Otras ciudades importantes son La Vega, San Pedro de Macorís, Santiago, San Cristóbal y La Romana.

La economía dominicana se basa en la producción de bienes[2] agrícolas, mineros[3] y de materias primas[4]. Los productos más importantes para la exportación son el café, el cacao, el azúcar (y sus productos derivados), el tabaco negro, los cigarros, el oro, la plata, el ron, los bananos o los cocos secos, entre otros. Sin embargo, en los últimos años y debido a las crisis económicas por las que ha pasado el país, las principales fuentes de divisas[5] son las zonas libres de impuestos, el turismo y el dinero que los miles de dominicanos envían al país desde el extranjero[6]. Estos envíos de dinero se llaman "remesas" y representan cerca del 12% del Producto Interno Bruto (PIB)[7] de República Dominicana.

Historia

La historia de República Dominicana es larga y complicada. Desde la fecha de la colonización, son muchos los acontecimientos que han dejado una huella[8] importante en este país: los ataques constantes de los piratas y corsarios, la ocupación haitiana o la lucha por la independencia. O independencias, porque fueron tres en total. La última de ellas fue en 1865, cuando los dominicanos rompieron definitivamente su relación con la Corona[9] española. La joven nación tuvo 30 presidentes desde esa fecha hasta 1916, momento de la invasión estadounidense.

Pero el acontecimiento más importante es, quizás, la larga dictadura[10] que vivieron los dominicanos desde 1930 hasta 1961. El general Rafael Leonidas Trujillo (conocido como el "Jefe") fue un dictador que dominó el país con tiranía[11], que se enriqueció y favoreció[12] a su familia y amigos; hasta el momento de su asesinato.

Pero la República Dominicana no tuvo descanso. Después vinieron golpes de estado, una nueva invasión estadounidense y otra dictadura, la de Joaquín Balaguer, que gobernó desde 1966 a 1978, una época que se llamó "de mano dura[13]".

1 dos tercios: 2/3 **2 bienes:** productos, recursos
3 minero/a: relacionado con la extracción de minerales
4 materia prima: materiales básicos para elaborar otros productos **5 divisa:** moneda extranjera **6 el extranjero:** los otros países, en relación al país del que estamos hablando
7 Producto Interno Bruto: el valor de las cosas que produce un país en un año **8 huella:** marca que deja un pie o una mano; aquí significa "influencia" **9 Corona:** símbolo de la monarquía
10 dictadura: gobierno no democrático **11 tiranía:** gobierno por imposición; crueldad **12 favorecer:** ayudar, beneficiar
13 mano dura: brutal, bárbaro **14 ceder:** dar voluntariamente

Sabías que...

Los taínos llamaban a esta isla Quisqueya, que significa "madre de la tierra".

El 5 de diciembre de 1492 fue descubierta por Cristóbal Colón en su primer viaje al Nuevo Mundo y recibió el nombre de La Española. Cuando se acabó el oro, los españoles abandonaron la parte occidental de la isla, que fue ocupada principalmente por ingleses y franceses.

En 1697 España cedió[14] su territorio de la isla a Francia, y para evitar confusiones con Saint Domingue, llamaron a la parte oriental Santo Domingo Español o Santo Domingo Oriental.

Una rebelión de esclavos en la parte francesa proclamó en 1804 la República de Haití, que quiso invadir la parte española. Esto hizo más fuerte el sentimiento nacionalista de los dominicanos y, después de largas luchas, declararon su independencia en 1844 connombre de República Dominicana.

→ CULTURA

Tambora

Música

Es inevitable relacionar a la República Dominicana con su música. El merengue y la bachata son dos de sus ritmos más conocidos y bailados en todo el mundo.

El merengue es un estilo de baile y música. Hay varias versiones sobre su origen. Unos dicen que está relacionado con una música cubana llamada *upa* o *urpa*. Otros afirman que era la música de la gente del campo en la región del Cibao (al norte de la República Dominicana), entre 1840 y 1850. En sus primeros años el instrumento principal era la guitarra, pero a partir de 1870 se sustituyó por el acordeón, que junto con el piano, la güira (un tubo de metal) y la tambora (un instrumento de percusión) revolucionaron las fiestas. Luego se incorporaron[1] el saxofón y otros instrumentos de viento.

El merengue fue el primer baile dominicano en el que la parejas[2] se podían abrazar. Al principio solo era popular entre la gente pobre, ya que las clases sociales altas rechazaban esta música porque pensaban que el movimiento del baile y el contenido de las canciones eran "inmorales". Con el paso del tiempo aparecieron diferentes formas de merengue, pero es posible hablar de dos grandes tipos: el merengue folclórico auténtico y el de salón, que es el más conocido.

Hay muchas anécdotas sobre la evolución del merengue, pero una de las más curiosas es la del origen del "merengue apambichao" o "pambiche". Este tipo de merengue surgió[3] durante la primera ocupación estadounidense entre 1916 y 1924. Era una versión con pasos[4] simplificados y con ritmo más lento que los dominicanos inventaron para hacer el baile más fácil a los norteamericanos, que no podían bailar merengue porque era un ritmo demasiado rápido para ellos y se sentían frustrados. Este tipo de merengue, que al principio se conocía como "merengue yanqui[5]", empezó a ser popular por una canción que hablaba sobre una fábrica en Palm Beach. Los dominicanos pronunciaban humorísticamente estas palabras inglesas como "pambiche", que es el nombre que todavía hoy tiene este tipo de merengue.

El otro ritmo dominicano es la bachata, una música bailable que es una mezcla de ritmos como el bolero, el pasillo, el huapango, el tango o el son cubano. Se conoce como el género "del amargue[6]" debido a la tristeza y dolor que expresan sus letras. Su origen está relacionado con la moda del bolero[7] en toda Latinoamérica a partir de 1950, en las zonas urbanas y, en especial, en los barrios pobres. La palabra bachata significa "juerga, fiesta, parranda"; y la razón es que con ese nombre se conocían las reuniones de pueblo, en las que se bailaba y cantaba. Durante muchos años no sonó en la radio y no fue muy apreciada[8] por la mayoría de dominicanos.

A partir de la década de los ochenta la situación del merengue cambió totalmente, principalmente a causa del turismo, de la aparición de nuevos medios de comunicación y del trabajo de algunos músicos y compositores.

Los instrumentos principales de la bachata actual son la guitarra (acústica y eléctrica), la güira, la tambora, la tumbadora, el bongó y el bajo. Lo que casi no ha cambiado son sus letras, que todavía siguen cantando a los amores amargos y trágicos.

1 incorporar: añadir, agregar **2 pareja:** grupo de dos personas **3 surgir:** aparecer **4 paso:** movimiento que se hace con el pie **5 yanqui:** estadounidense (adaptación de la palabra inglesa *yankee*) **6 amargue:** que tiene sabor amargo; aquí significa "tristeza" **7 bolero:** género musical hispanoamericano suave y melódico **8 apreciado/a:** querido/a, estimado/a, valorado/a **9 rayo:** reacción eléctrica producida por una descarga entre dos nubes o entre una nube y la tierra **10 trueno:** ruido muy fuerte producido por una tormenta **11 la divinidad:** dios que tiene poder y gobierna una parte de las cosas o personas

En su diario Colón describió La Española como "una bella isla paradisíaca con altas montañas boscosas y grandes valles y ríos". Pero entre los meses de junio y octubre toda esa belleza está expuesta a peligros naturales ya que la isla se encuentra en el medio de una zona de huracanes y fuertes tormentas.

En comparación con el resto de paisajes del Caribe, la República Dominicana se define por tener elementos superlativos. Por ejemplo, tiene la montaña más alta y el lago salado más extenso. Además, posee[1] la mayor biodiversidad del área del Caribe, con el número más alto de especies por kilómetro cuadrado.

En el territorio dominicano se pueden distinguir tres grupos de montañas: la cordillera septentrional[2], la oriental y la central. Esta última es la más importante y es donde se encuentra el pico Duarte, que con sus 3175 metros de altitud es el punto más alto de las Antillas y del Caribe. La cima[3] de este pico, cubierta por bosques de pinos y por una vegetación exótica, es el lugar donde viven muchas especies de animales, algunas de ellas en peligro de extinción como el solenodonte (parecido al almiquí cubano), la jutía y el puerco cimarrón (jabalí), todos ellos mamíferos. El pico Duarte debe su nombre a Juan Pablo Duarte (1813-1876), considerado uno de los padres de la patria.

El lago Enriquillo está al este del país y se extiende desde Jimaní (en la frontera con Haití) hasta la ciudad de Neiba (capital de la provincia de Baoruco). Tiene una extensión de 265 km^2, está situado a 44 metros por debajo del nivel del mar y sus aguas son muy saladas (más que las del mar). Es parte de un importante parque nacional, porque es el hábitat natural de muchas aves (especialmente del flamenco) y de reptiles

jutía

iguana rinoceronte

puerco cimarrón o jaba

en peligro de extinción, como la iguana rinoceronte, la iguana Ricord y el cocodrilo americano.

Este lago recibe su nombre por un cacique[4] taíno llamado Enriquillo que vivió en este lugar, precisamente en la isla Cabritos, de 24 km^2 de extensión y situada en el centro del lago. Antiguamente llamada "Guariracca" por los indígenas, dicen que fue el lugar donde Enriquillo se ocultó cuando se rebeló contra los españoles en 1522. Las otras dos islas situadas en el lago son Barbarita y la Islita.

Otro de los elementos superlativos que se encuentran en la República Dominicana es el enorme bosque de pino occidental (un tipo de conífera), situado en la sierra del Baoruco.

Sabías que...

Aproximadamente el 18% del total de la superficie de la República Dominicana está compuesto por áreas naturales protegidas. Esto incluye 14 Parques Nacionales, 9 reservas científicas, un parque submarino (La Caleta), una reserva de ballenas[5] jorobadas (banco de la Plata) y un santuario[6] de aves (cayo Siete Hermanos).

Uno de los mayores espectáculos naturales de este país se produce entre enero y marzo, cuando muchas ballenas jorobadas se acercan a la bahía[7] de Samaná y a los bancos[8] de la Plata y la Navidad para reproducirse.

1 **poseer:** tener 2 **septentrional:** del Norte 3 **cima:** parte más alta de una montaña 4 **cacique:** jefe de tribu indígena 5 **ballena:** mamífero marino de gran tamaño 6 **santuario:** área natural protegida 7 **bahía:** parte de la costa donde entra el mar 8 **banco marino:** conjunto de muchos peces que van juntos en grupo

cocodrilo americano

famenco

CUBA

La escamas de Lázara

Ya no había gente en esa playa. Una de las tantas fiestas
de Santiago de Cuba había llegado a su fin, mientras que una
agradable brisa acariciaba la arena y las olas del mar seguían
con su eterno ir y venir.

Cuando Aurelio del Valle Ramírez Malavé salió a la superficie para
respirar, se sintió cansado. A lo lejos veía unas débiles luces, y decidió
acercarse a la costa. En su camino conoció a un pez murciélago muy
sociable que le dijo que ahora estaba muy cerca de Santiago de Cuba.
"Ve despacio y con cuidado, porque a esta hora hay muchos pescado-
res", le advirtió alejándose. Ya no sabía cúanto tiempo llevaba nadando
por el mar Caribe, escuchando historias, compartiendo vivencias, con-
virtiéndose en testigo de acontecimientos increíbles. Mucho fue lo que
aprendió de sí mismo y de otras tierras, tan cercanas pero tan lejanas,
tan iguales pero tan distintas al mismo tiempo.

Llegó a una playa solitaria y, con la protección de la oscuridad de la
noche, se echó[1] en la arena, agotado[2]. Sus bellas escamas se secaron,
el cansancio lo venció, y cayó así en un sueño profundo. Pero no durmió
mucho tiempo.

—Oye, ¿y tú quién eres? —escuchó decir muy cerca de él. Se despertó
asustado y se puso de pie de un salto[3] La chica que estaba a su
lado soltó una risita[4], sin sorprenderse de tener enfrente a un
hombre-pez—. Oye, chico[5], ¿hasta se te olvidó hablar, o ya no tienes
lengua? —preguntó entre risas.

—Soy Aurelio —respondió con el corazón acelerado[6].

—Y yo Lázara —se presentó ella, dándole la mano. Él, aún impresio-
nado, necesitó un par de segundos para reaccionar—. Mira, tú... el mar
te ha vuelto salvaje también... —comentó la muchacha con una sonrisa.

—No es eso. Es que no sé cuánto tiempo llevo sin hablar con gente.
Desde que salí de Venezuela, solo los peces me acompañan, sobre todo
las toninas[7] y las tortugas.

—¿Y las mantarrayas[8] no? —preguntó ella, sorprendida.

—A veces… pero no tanto como los demás peces —dijo Aurelio, extrañado por la pregunta.

Ya el sol brillaba, era un nuevo día.

—Mi papá hablaba más con las rayas —comentó Lázara poniéndose de pie—. Vamos echando[9] porque va a empezar a llegar gente.

No caminaron mucho. Todavía se escuchaban las olas del mar cuando la muchacha le señaló una casita de color azul gastado

—Ahí vivo yo. Pero ya todos se han ido… Ya sabes, unos al trabajo, otros a buscarse la vida, como todos los días.

Aurelio sintió un tono de amargura en la voz de Lázara, pero no quiso preguntarle nada, y siguió callado. En la cocina, mientras tomaba una taza de café caliente, notó que ella estaba vestida de blanco y llevaba unos extraños collares

—Pensé que eras papá… —dijo Lázara con tristeza—. Cuando se convirtió en pez yo tenía como diez años. Vuelve todos los meses y nos vemos en la misma playa donde tú estabas dormido.

Aurelio no sabía si alegrarse de escuchar que había otros hombres-pez, o entristecerse por la decepción de la muchacha.

—No te preocupes, va a volver —le dijo para darle ánimos.

—No, no voy a verlo más, ya le ha llegado su hora… como dijeron los caracoles del *bawalao*[10]… aunque entonces no lo quise creer…

Durante un largo rato los dos estaban en silencio. De repente, Aurelio vio que Lázara tenía escamas en el codo izquierdo.

—¡Mírate el codo! —le dijo— ¡Te estás convirtiendo en pez!

Lázara se tocó el codo, sintió las escamas, luego se tocó el otro codo y vio que allí tenía otras más. Su reacción fue rápida y sorprendente:

—¿Quieres esperarme para irnos juntos? —le preguntó a Aurelio con emoción.

—Todo el tiempo necesario. Va a ser estupendo tenerte a mi lado… Seguro que les gustas a las toninas —contestó él, ilusionado con todas sus futuras aventuras en la inmensidad del mar Caribe.

---

1 echarse: tumbarse, acostarse **2 agotado/a:** muy cansado/a **3 de un salto:** con fuerte impulso **4 risita:** sonido que se hace al reír **5 oye, chico:** expresión informal que se usa en Cuba para dirigirse a una persona **6 acelerado/a:** nervioso/a, rápido/a **7 tonina:** especie de delfín **8 mantarraya:** manta gigante (*Manta birostris*) **9 vamos echando:** expresión cubana que significa "vamos" o "vamos a otro lugar" **10 *bawalao*:** sacerdote de la religión Yoruba y de la Santería. Lanzan caracoles para adivinar el futuro. Los santeros se visten de blanco y usan collares que tienen diferentes significados

CUBA

Datos y cifras:

Nombre oficial: República de Cuba
Capital: La Habana
Superficie: de Este a Oeste tiene una longitud de 1 250 km; de norte a sur varía de 32 a 210 km. Incluyendo cayos, islas e islotes, aproximadamente 110 860 km²
Habitantes: 11 300 000, de los cuales el 75,2% vive en zonas urbanas y el 24,8% habita las zonas rurales
Gentilicio: cubano/a

El archipiélago de Cuba está compuesto por isletas, cayos[1], por la Isla de la Juventud y por la isla principal, Cuba, que es la mayor de las Antillas y tiene una forma alargada y estrecha, que recuerda a un cocodrilo. Cuba limita al norte con el golfo de México y con el estrecho[2] de Florida (Estados Unidos); al este, con el paso de Maisí o de los Vientos, que la separa de Haití; al sur, con el estrecho de Colón, que la divide de Jamaica; y al oeste, con el estrecho de Yucatán, que la separa de México.

La Habana no solo es la capital de Cuba sino que es la ciudad con más población de todo el país. Sin embargo, en el resto del territorio, formado por otras 14 provincias y un municipio especial (la isla de la Juventud), hay muchas otras ciudades importantes. Por ejemplo, Santiago de Cuba, que fue la capital hasta 1556; Camagüey, capital de la provincia del mismo nombre y con una fuerte industria agrícola; Holguín, importante por ser un centro turístico y por su industria mecánica y de la alimentación; Guantánamo, también capital de provincia y destacada por la producción de caña de azúcar y café; y Santa Clara, capital de Villa Clara, un importante centro de comercio y de vías de comunicaciones.

Historia

Entre 1790 y 1846 Cuba vivió tiempos de gloria con la explotación de la caña de azúcar, traída a la isla por los conquistadores españoles. Durante esa época se construyeron importantes "ingenios azucareros"[3] y se importaron esclavos de África para ser usados como mano de obra[4]. La caña de azúcar marcó la economía, la cultura y el modo de vida durante dos siglos.

En 1868, el hacendado[5] y abogado Carlos Manuel de Céspedes provocó un incendio en el ingenio azucarero de su propiedad, liberó a sus esclavos y proclamó la independencia de Cuba. Fue así como empezó la primera guerra de independencia, que duró diez años. La lucha continuó hasta muchos años después, ya que la isla, después de separarse de España, fue ocupada por Estados Unidos (en 1902) y comenzó un largo período de inestabilidad política.

Durante esa época, la producción de caña de azúcar estaba basada en grandes extensiones de tierra que poseían muy pocas personas. Después de la Revolución Cubana, los ingenios pasaron a llamarse "centrales azucareras" y el nuevo gobierno se convirtió en su único dueño[6], imponiendo nuevas leyes sobre la comercialización del azúcar.

A partir de la Revolución Cubana (1959) de Fidel Castro se estableció un solo partido político dirigido por un poder central.

Un cambio bastante significativo durante los primeros años de la Revolución fue la aprobación de la Ley de Reforma Agraria, gracias a la cual se eliminaron los latifundios[7] y se entregaron enormes extensiones de tierra a miles de campesinos[8].

Con el embargo comercial impuesto por Estados Unidos desde 1962 y con la ruptura[9] de relaciones con varios países Cuba vivió años de aislamiento[10]. La Unión Soviética era su principal socio comercial, pero con el fin de la Guerra Fría y la caída de la URSS[11] la isla entró en una profunda crisis de la que solo pudo salir permitiendo la inversión extranjera. Por esta razón, a los principales pilares económicos tradicionales (azúcar, café, tabaco, sal y explotación minera) se han unido en años recientes la industria turística y manufacturera.

---

1 cayo: islote llano y arenoso **2 estrecho:** línea de mar poco ancha que separa dos partes de tierra **3 ingenio azucarero:** fábrica de azúcar **4 mano de obra:** grupo de trabajadores **5 hacendado/a:** persona que posee muchas posesiones y riqueza **6 dueño/a:** propietario/a **7 latifundio:** finca agraria de gran extensión que pertenece a una sola persona **8 campesino/a:** persona que vive y trabaja en el campo **9 ruptura:** romper una relación **10 aislamiento:** ausencia de contacto con el exterior **11 URSS:** Unión de Repúblicas Socialistas Soviéticas

Religión

La santería cubana es el mejor ejemplo de la unión de las creencias religiosas católicas con las que trajeron los africanos al Nuevo Continente; esta mezcla se llama "sincretismo religioso". Cada santo católico tiene su equivalente en la santería. Sin embargo, una de las grandes diferencias entre los dioses afrocubanos (llamados *orishas*) y las figuras bíblicas es que los afrocubanos se parecen mucho a los seres humanos, y en sus leyendas la realidad y la magia se mezclan.

Entre otras historias destaca la de San Lázaro, que es Babalú Ayé en la mitología afrocubana. Según la versión cristiana, Lázaro fue resucitado[1] por Jesucristo. En la versión santera Babalú Ayé, aficionado a seducir a todas la mujeres, rechazó el consejo del *orisha* Orula (que equivale a San Francisco de Asís) de dejar ese tipo de vida. Por esa razón un día se despertó con todo el cuerpo lleno de llagas[2]. Nadie quería acompañarlo, solo los perros, que lamían[3] sus heridas. Rechazado por todos, se fue a caminar por el mundo y murió solo. Cuando su esposa Oshún conoció esta noticia, le pidió a Olofi (creador del mundo y equivalente a Jesucristo), la resurrección[4] de Babalú Ayé. Entonces volvió a la vida y, desde ese momento, se dedicó a curar a los enfermos y a aconsejar en cuestiones de amor. Muchos cubanos creen en Babalú Ayé o San Lázaro y para pedir su ayuda en casos de enfermedad preparan una bolsita con frijoles y ponen monedas de centavo[5] en las cuatro esquinas de una habitación. Se dice que hay algunos casos de curación extraordinarios.

Cuba hoy

"Nos vamos en el *riquimbili*" es una frase que se puede oír en Cuba. El *riquimbili* es un medio de transporte que puede parecer un poco raro. En realidad se trata de una bicicleta de origen chino que lleva un pequeño motor soviético, una botella de plástico como tanque de gasolina y tubo de metal para expulsar el humo. Tiene un espacio para cargar cosas y puede llevar a dos personas. Este es uno de los muchos inventos que la imaginación de los cubanos ha improvisado para superar la escasez[6] de recursos y hacer más fácil su difícil vida diaria.

Otro curioso medio de transporte que los cubanos han inventado es el llamado autobús-camello o metrobús, que es un camión transformado en autobús de servicio público.

En la isla nada se desecha[7]. Desde una lata de tomates hasta una bolsa de plástico, todo puede ser un elemento vital e importante para la supervivencia. El Movimiento de Innovadores y Racionalizadores de Cuba (ANIR), fundado en los años sesenta, es una organización que agrupa a los inventores cubanos y que registra sus ingeniosas creaciones.

Sabías que...

La población cubana está formada por mulatos[8] (51%), descendientes de españoles (37%), negros (11%) y personas de origen chino (1%). También existen grupos significativos de inmigrantes franceses y polacos.

1 **resucitar:** volver a la vida 2 **llaga:** herida en la piel
3 **lamer:** pasar la lengua 4 **resurrección:** acto de volver a la
vida 5 **centavo:** fracción de 100 de una unidad 6 **escasez:** falta,
insuficiencia 7 **desechar:** tirar 8 **mulato/a:** persona de raza negra y
blanca mezcladas

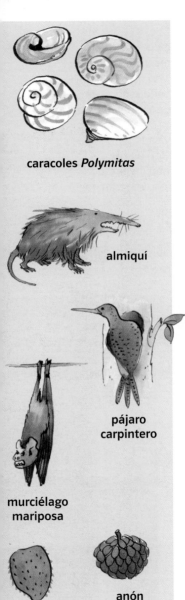

caracoles *Polymitas*

almiquí

pájaro carpintero

murciélago mariposa

anón

guanábana

A lo largo de sus 5746 km de costa, Cuba tiene playas mundialmente famosas. Cada año atraen aproximadamente dos millones de turistas que llegan a la isla buscando arenas blancas y aguas cristalinas.

Sin embargo, a lo largo y ancho de este país es posible encontrar otro tipo de paisajes. Existen 14 parques nacionales, 23 reservas ecológicas y seis reservas de la biosfera.

Una de estas reservas se encuentra en península de Zapata, en el Parque Nacional Ciénaga de Zapata (provincia de Matanzas). Dentro de sus 628171 hectáreas hay una fascinante biodiversidad de flora y fauna, además de un área considerable de pantanos[1] y marismas[2]. En medio de la Ciénaga hay un criadero[3] de cocodrilos con miles de ejemplares.

Se cuenta que a principios de los años sesenta el gobierno tuvo la idea de secar la ciénaga[4] de Zapata con el fin de usar las tierras para la agricultura, pero afortunadamente abandonó el proyecto porque resultaba muy caro. Hoy en esta ciénaga se practica una política ecológica de respeto y protección, tanto por parte de sus habitantes como de sus visitantes.

Otras reservas de la biosfera es la Península de Guanahacabibes (en Pinar del Río), con una gran variedad de paisajes y ecosistemas, desde bosques hasta costas de arena y acantilados[5]. Es el hábitat natural de aves, mariposas, iguanas y venados; además, allí se encuentra la zona de María La Gorda, que es un importante centro de buceo por sus ricos fondos marinos.

Otro lugar de interés es el Parque Nacional de Caguanes (en Sancti Spíritus), una importante reserva formada por cayo Caguanes, la Ciénaga de Guayaberas y Cayos de Piedra, que son diez islotes en total.

Baconao (en Santiago de Cuba) es otra reserva que posee refugios de vida salvaje y plantaciones de café.

Cuchillas del Toa (en Guantánamo), situada en la zona más lluviosa del país, es rica en flora y fauna. Entre sus animales es posible destacar algunas especies realmente raras y propias de Cuba como el almiquí (*Solenodon cubanus*), un pequeño animal que se alimenta de insectos; los caracoles *Polymitas*, unos hermosos caracoles que solo se encuentran en la zona oriental de Cuba y tienen una variedad impresionante de colores; el murciélago mariposa, llamado así por su tamaño pequeño y su forma característica de volar; o el pájaro carpintero real. A lo largo de esta región corre el Toa, el río más caudaloso[6] del país, que aún no se ha explorado completamente.

Y por último, es posible destacar la Sierra del Rosario, situada en la cordillera de Guaniguanico, que es el hábitat de miles de pájaros y posee una compleja estructura geológica.

Una cuarta parte de Cuba está formada por montañas y colinas. Las principales son el Macizo de Guamuhaya o Sierra Escambray (en el centro-sur de la isla, entre las provincias de Sancti Spíritus, Villa Clara y Cienfuegos), la Cordillera de Guaniguanico (en Pinar del Río) y la Sierra Maestra, que se encuentra en el sureste y es la de mayor altitud —con los 2 005 metros del pico Turquino—, además de ser la de mayor tamaño y extensión.

1 pantano: terreno poco profundo donde el agua se acumula y se estanca **2 marisma:** terreno llano y húmedo próximo al mar **3 criadero:** lugar donde se cuidan y alimentan animales **4 ciénaga:** terreno lleno de barro originado por un lago seco **5 acantilado:** trozo de costa formado por una pared vertical de gran altura **6 caudaloso/a:** que lleva mucha agua **7 glotonería:** cuando se come mucho, con ansia y sin medida **8 ladrar:** sonido que hacen los perros **9 mudo/a:** que no puede hablar

Sabías que...

Fray Bartolomé de las Casas (teólogo y cronista español del siglo XVI y gran defensor de los indígenas) cuenta en su diario la experiencia de Cristóbal Colón en la isla de Cuba (que él llamó Juana). Colón estaba admirado con el canto de los pájaros, las palmas, las hermosas flores y los frutos exóticos —como la guayaba, el anón, el aguacate o la guanábana—, que saboreó hasta el límite de la glotonería[7].

De las Casas también menciona que al descubridor le sorprendió especialmente "un perro que nunca ladró[8]". Pero Colón no sabía que esos perros mudos[9] eran criados por los indígenas como alimento, porque su carne era muy sabrosa y tenía efectos afrodisíacos. Era una costumbre muy extendida en todo el Caribe comer este tipo de animales (castrados y engordados durante semanas) en las celebraciones importantes.

EJERCICIOS

VENEZUELA

1. Completa las siguientes frases.

a. El plato más popular de Venezuela es ....

b. La fiesta más conocida de San Francisco de Yare es ....

c. El producto que más se produce en Venezuela es ....

d. Venezuela limita con...

2. ¿Verdadero o falso?

	Verdadero	Falso
a. El nombre "Venezuela" es una palabra indígena.	☐	☐
b. La palabra *chévere* significa "aburrido".	☐	☐
c. Los colores de la bandera venezolona son el amarillo, el azul y el verde.	☐	☐
d. El plato venezolano más popular es la arepa.	☐	☐

3. Aquí tienes un texto sobre los *wayúu*. Completa cada espacio con la palabra más adecuada.

> signos | identificarse | pueblo | población | tradición
> habitan | tejer | lengua | agrupados

Los *wayúu* **(1)** .... en la Guajira, región ubicada en la frontera entre los territorios venezolano y colombiano. Con más de 500 000 habitantes, los *wayúu* son el **(2)** ....
indígena más numeroso de esos dos países fronterizos, representan cerca del 8% de la **(3)** .... del estado Zulia (Venezuela) y aproximadamente el 45% del departamento de La Guajira de Colombia.

La **(4)** .... que habla el pueblo *wayúu* es el *wayuunaiki*, que pertenece a la familia lingüística del *arawak*. *"Wayúu"* es la palabra usada por ellos mismos para **(5)** ...., y significa persona en general, indígena de la propia etnia, aliado y también la pareja ("mi esposo" o "mi esposa").

Los *wayúu* o guajiros están **(6)** .... en clanes matrilineales (dominio de la línea de la madre), cada uno está asociado a un animal particular o "pariente", están representados por **(7)** .... hechos en hierro, y estos son muestra del poder económico, político y social de las familias.

Una actividad muy importante es el tejido. Para los *wayúu*, el saber **(8)** .... es símbolo de juicio, creatividad, inteligencia y sabiduría; desde siempre ha sido una **(9)** ...., y durante siglos se han conservado ritos especiales, donde se inician a las adolescentes en ese arte.

PUERTO RICO

1. Completa las frases.

a. Puerto Rico también se conoce por el nombre de ....

b. Su símbolo es un animal, concretamente un tipo de ....

c. El otro nombre de los puertorriqueños es ....

2. ¿Verdadero o falso?

	Verdadero	Falso
a. Puerto Rico tiene su propia moneda.	☐	☐
b. En Puerto Rico se hablan dos lenguas.	☐	☐
c. Puerto Rico es la isla más grande del Caribe.	☐	☐

EJERCICIOS

3. A. Señala los temas que aparecen en la historia *Juancho y sus gallos.*

1. La nueva "familia" de Juancho. ☐   3. La vida del señor Onofre. ☐
2. La pelea de Pacheco. ☐   4. La auténtica familia de Juancho. ☐

B. Estas son algunas de las palabras que aparecen en el texto. ¿Con cuál de estos grupos se relacionan?

expectación | viejo | pequeño | ríe | nervioso | baja | amanecer
nostalgia | joven | miedo | luz | tristeza | redonda | noche | placer
suaves | dolor | oscurecer | blancas | nerviosamente | cólera | rojo | sol

Día	Descripción física	Sensaciones y emociones

REPÚBLICA DOMINICANA

1. Completa estas frases.

a. La República Dominicana tiene la .... más alta y el .... más extenso de todo el Caribe.

b. Los dos estilos musicales más populares son: .... y ....

2. ¿Verdadero o falso?

	Verdadero	Falso
a. La República Dominicana es una isla.	☐	☐
b. La República Dominicana fue invadida por Haití.	☐	☐
c. El *pambiche* es un plato típico dominicano.	☐	☐

3. *Lo que ve Leonel en San Pedro de Macorís* (páginas 24 y 25)
A. Elige un nuevo título para la historia. ¿Cuál es más adecuado?

1. "La nueva casa de Leonel". ☐   **2.** "El regreso de los amigos". ☐

B. ¿Qué significa "aquello" en el texto?

1. Las visitas nocturnas. ☐   **2.** El desastre del huracán. ☐

C. Estas son algunas de las palabras que aparecen en el texto. Clasifícalas por su significado.

ver | llorar | observar | muros | olvidarse | cama | acordarse | espiar
mirar | techo | vista | recordar | contemplar | muebles | miedo
divertirse | ventana | alegrarse | triste | miedo | asustarse

Memoria	Sensaciones y emociones	Mirada	Partes y mobiliario de la casa

CUBA

1. A. Lee el siguiente texto titulado *Ser quinceañera en Cuba*.

"(...) En muchos países de Latinoamérica una costumbre muy importante es la celebración de los quince años de las chicas. La llamada Fiesta de quince o de quinceañeras es un cumpleaños muy especial que las jovencitas esperan con mucha ilusión durante mucho tiempo y para el que los padres ahorran durante años. Esta gran celebración marca tradicionalmente la transición de niña a mujer y sirve para "presentar en sociedad" a la adolescente.

Aunque en cada país tiene sus particularidades, existen muchos elementos en común. En Cuba, a pesar de que la Revolución prohibió muchas costumbres consideradas "burguesas" como la lectura de ciertos libros, escuchar música en inglés, etc., la tradición de los quince ha sobrevivido.

Las adolescentes cubanas festejan este cumpleaños tan especial vestidas con trajes largos, quizás por primera vez en su vida, maquilladas y con peinados elaborados. La cumpleañera baila un vals con su padre y sus familiares más cercanos. Algunas quinceañeras incluso tienen una cuadrilla (o cuadro de honor), que son parejas de amigos de la misma edad que bailan a su alrededor. En estas fiestas hay elementos que no pueden faltar, como un inmenso *cake*, una tarta cubierta de merengue con la palabra "Felicidades" escrita en el centro o refrescos y bebidas como el ron o la cerveza para acompañar la comida, que varia en cantidad y variedad en función de las posibilidades económicas de cada familia.

Pero no todas las niñas pueden celebrar esta fiesta tan significativa, ya que puede costar entre 300 y 500 dólares, una cantidad muy importante para una familia cubana, con un salario mensual promedio de 12 dólares. A pesar de esto, el Estado cubano garantizar a las familias las condiciones mínimas para festejar los quince, facilitando algunos productos deficitarios (aquellos que no se encuentran fácilmente en el mercado), un reportaje fotográfico, y ofreciendo la posibilidad de alquilar los trajes y el local para hacer las fotos y la fiesta. (...)"

B. Decide si estas afirmaciones sobre el texto son verdaderas.

	Verdadero	Falso
1. Los 15 años se celebran en toda Latinoamérica.	☐	☐
2. La tradición de los quince se desarrolló en Cuba.	☐	☐
3. La fiesta de quinceañeras no tiene ningún significado especial.	☐	☐
4. El Gobierno permitió la Fiesta de los quince.	☐	☐
5. Todas las familias cubanas pueden organizar una fiesta de quinceañeras.	☐	☐
6. El padre de la cumpleañera no tiene un papel importante durante la celebración.	☐	☐
7. En la fiesta siempre hay una tarta.	☐	☐

REPÚBLICA DOMINICANA

1. Después de ver el reportaje, completa las siguientes frases con las palabras que faltan.

a. Santo Domingo se considera la primera ciudad .... del continente americano.

b. Aquí está la primera catedral, fuerte, monasterio, hospital, ... y palacio de Nuevo Mundo.

2. Escribe el nombre de un lugar donde...

a. ... es posible encontrar productos de todos los lugares de Santo Domingo ....

b. ... puedes ver muchas casas de colores ....

c. ... hay un monumento para celebrar que los dominicanos son una nación independiente ....

3. Responde verdadero (V) o falso (F).

a. La mejor manera de conocer Santo Domingo es hablando con sus gentes

b. Santo Domingo no ofrece interés para las personas amantes de la historia

c. En el reportaje dicen que lo mejor que se puede hacer en Santo Domingo es ir a sus playas

d. La riqueza de algunos edificios contrasta con la pobreza de algunos barrios

4. Responde a estas preguntas con tu opinión:
¿Hay algo que te ha sorprendido especialmente?
¿Qué te ha gustado más?

LA HABANA

1. Antes de ver el video, lee las siguientes preguntas y respóndelas después con los lugares que aparecen en el reportaje:

a. En este lugar es posible comprar libros de segunda mano.

....

b. En esta plaza se encuentran los edificios históricos y artísticos más interesantes. ....

c. Ahí es muy recomendable beberse un "mojito". ....

d. Es un paseo donde los habaneros se relajan junto al mar.

....

e. Un lugar donde, según los cubanos, se hace el mejor cabaret del mundo. ....

2. Responde estas preguntas con verdadero (V) o falso (F).

	Verdadero	Falso
a. La Habana es una ciudad donde hay una mezcla de cosas antiguas y modernas.	☐	☐
b. Hemingway, el escritor estadounidense, recomendaba especialmente tomarse un "mojito" en la Bodeguita del Medio.	☐	☐
c. La Calle La Rampa es el principal centro financiero de la ciudad.	☐	☐
d. El Capitolio de La Habana se inspira en San Pedro del Vaticano.	☐	☐
e. El malecón es una avenida costera de 3 kilómetros de largo.	☐	☐
f. Las casas del Vedado son famosas por sus colores…	☐	☐

3. Responde con tu opinión:
¿Hay algo que te ha sorprendido especialmente? ¿Qué te ha gustado más?

VENEZUELA

1. **a.** la arepa; **b.** la Diablada o los Diablos de Yare; **c.** el petróleo; **d.** el mar Caribe, Brasil, Colombia y Guyana.
2. **a.** Verdadero; **b.** Falso; **c.** Falso; **d.** Verdadero
3. **1.** habitan; **2.** pueblo; **3.** población; **4.** lengua; **5.** identificarse; **6.** agrupados; **7.** signos; **8.** tejer; **9.** tradición.

PUERTO RICO

1. **a.** la Isla del Encanto; **b.** rana, el coquí; **c.** boricuas.
2. **a.** Falso; **b.** Verdadero; **c.** Falso.
3. **A.** 1, 2 y 4.
B. **Día:** amanecer, sol, luz, noche, oscurecer. **Descripción física:** viejo, pequeño, baja, largo, joven, redonda, suaves, blancas, rojo. **Sensaciones y emociones:** expectación, nervioso, miedo, nostalgia, tristeza, placer, dolor, ríe, nerviosamente, cólera.

REPÚBLICA DOMINICANA

1. **a.** montaña, lago; **b.** merengue, bachata
2. **a.** falso; **b.** verdadero; **c.** falso.
3 **A.** 2 **B.** 2 **C.** Memoria: olvidarse, acordarse, recordar. **Sensaciones y emociones:** llorar, miedo, divertirse, alegrarse, triste, miedo, asustarse. **Mirada:** ver, observar, espiar, contemplar, mirar, vistas. **Partes y mobiliario de la casa:** muros, cama, techo, muebles, ventana.

CUBA

1. B. **1.** Falso; **2.** Falso; **3.** Falso, **4.** Verdadero; **5.** Falso; **6.** Falso; **7.** Verdadero.

DVD REPÚBLICA DOMINICANA

1. **a.** europea; **b.** universidad
2. **a.** el Mercado Nuevo; **b.** la Avenida Duarte; **c.** La Plaza de la Independencia
3. **a.** Verdadero; **b.** Falso; **c.** Falso; **d.** Verdadero
4. Respuesta libre.

DVD LA HABANA

1. **a.** La plaza de Armas; **b.** La plaza de la Catedral; **c.** La Bodeguita del Medio; **d.** El Malecón; **e.** El Tropicana
2. **a.** Verdadero; **b.** Verdadero; **c.** Falso; **d.** Falso; **e.** Falso; **f.** Verdadero
3. Respuesta libre.